PLANETA ANIMAL

EL ANTÍLOPE

POR KATE RIGGS

T0023813

CREATIVE EDUCATION · CREATIVE PAPERBACKS

Publicado por Creative Education
y Creative Paperbacks
P.O. Box 227, Mankato, Minnesota 56002
Creative Education y Creative Paperbacks son marcas
editoriales de The Creative Company
www.thecreativecompany.us

Diseño de The Design Lab
Producción de Rachel Klimpel
Editado de Alissa Thielges
Dirección de arte de Rita Marshall
Traducción de TRAVOD, www.travod.com

Fotografías de Photos by Photos by Alamy (Gary
Roberts, PA photo, Nathan and Elaine Vaessen, NSP-RF),
Dreamstime (Boaz Yunior Wibowo, Enjoyphoto, Janina
Kubik, Michele Alfieri), Corbis (Nigel Pavitt / JAI, Theo
Allofs), Getty (Ayzenstayn, Ger Bosma, Nick Dale /
EyeEm), iStock (bgfoto, KurtJayBertels), Shutterstock (Anan
Kaewhammul)

Library of Congress Cataloging-in-Publication Data
Names: Riggs, Kate, author.
Title: El antílope / by Kate Riggs.
Description: Mankato, Minnesota: The Creative Company,
[2023] | Series: Planeta animal | Includes index. |
Audience: Ages 6–9 | Audience: Grades 2–3
Identifiers: LCCN 2022007531 (print) | ISBN
9781640266872 (library binding) | ISBN
9781682772430 (pbk.) | ISBN 9781640008281
(ebook)
Subjects: LCSH: Antelopes—Juvenile literature.
Classification: LCC QL737.U53 R5445 2023 (print)
| LCC QL737.U53 (ebook) | DDC 599.64—dc23/
eng/20211203
LC record available at https://lccn.loc.gov/2022007531

Tabla de contenidos

*Los impalas (derecha)
son antílopes que viven
en la sabana africana.*

El antílope es un animal de África y Asia. Existen casi 100 tipos de antílopes. Algunos viven en praderas llamadas **sabanas**. Otros viven en bosques. Y otros más viven en desiertos como el Sahara.

sabanas tierras planas y calurosas cubiertas de pastos y algunos árboles

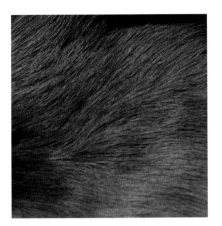

LOS antílopes son animales conocidos como bóvidos. Todos los bóvidos tienen pezuñas y cuernos. La vaca, la oveja y el bisonte también son bóvidos. El pelaje del antílope es corto y rígido como una brocha.

El antílope eland tiene en su espalda una cresta de pelo más largo y más oscuro llamada la crin.

El antílope más grande es el eland gigante. El eland macho puede pesar 2.000 libras (907 kg). El antílope real pesa siete libras (3,2 kg). ¡Tiene la altura de una hoja de papel! Es lo suficientemente pequeño como para esconderse entre los arbustos.

El duiquero azul puede ser tan alto como un gato doméstico.

Otros antílopes aprovechan el color de su pelaje para ocultarse. Algunos tienen rayas o marcas blancas en su pelaje. El kudú tiene rayas blancas que envuelven su cuerpo.

Tener un pelaje rayado y claro ayuda a los kudúes a confundirse con el pasto y la maleza.

Los antílopes comen plantas como la acacia y el bambú. Las gacelas de Waller se paran sobre sus patas traseras para alcanzar los arbustos altos. Otros antílopes comen pastos y plantas de poca altura.

Las gacelas de Waller estiran el cuello y jalan hacia abajo las ramas altas.

Los cuernos del antílope empiezan a crecer desde que nace.

La **hembra** tiene una o dos **crías** a la vez. Las crías beben leche de su madre. El ñu puede correr por la sabana a los 15 minutos de haber nacido. En el bosque, las crías del antílope se quedan en un mismo lugar por mucho tiempo. Se esconden de los **depredadores**.

crías antílopes bebés

depredadores animales que matan y se comen a otros animales

hembra un antílope de sexo femenino

Los antílopes pueden vivir entre 15 y 25 años. La mayoría viven juntos en grupos. Los grupos pequeños se llaman bandas. Una manada está formada por muchas bandas. En una manada pueden vivir miles de antílopes. La manada viaja para buscar comida.

Manadas de ñúes viajan por la sabana en busca de alimento.

Los antílopes pasan mucho tiempo comiendo o buscando comida. Las gacelas y los ñúes caminan largas distancias para buscar alimento y agua. Algunos antílopes obtienen el agua que necesitan de las plantas. Otros necesitan beber más agua.

Algunos antílopes se reúnen en los oasis del desierto a beber agua.

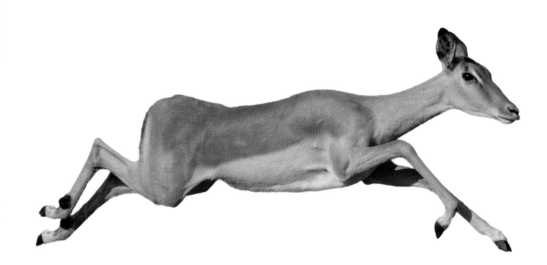

En África, la gente hace máscaras que parecen antílopes. Se ponen las máscaras para bailar. Fuera de África, muchos antílopes viven en zoológicos. A la gente le encanta ver correr a estos elegantes animales.

En Mali, el pueblo dogón usa máscaras de antílope llamadas walu.

Un cuento del antílope

En África, se cuenta una historia sobre cómo el antílope tsessebe obtuvo sus cuernos. Hubo un tiempo en que el tsessebe era el único antílope sin cuernos. Estaba muy triste. Los únicos cuernos que quedaban eran unos huesos feos, pero al tsessebe no le importó. De todos modos, se los puso. ¡Ahora, era el antílope más veloz y tenía sus propios cuernos!

Índice